Planetas

Gail
Tuchman

SCHOLASTIC INC.

¡Lee más! ¡Haz más!

Después de leer este libro, descarga gratis el libro digital.

Para Mac y PC

¡Demuestra lo bien que sabes leer!

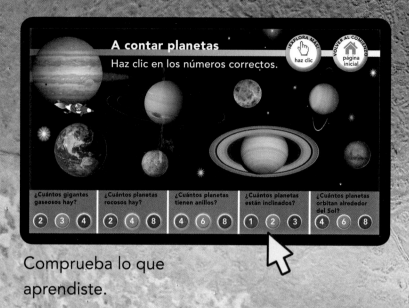

A contar planetas

Haz clic en los números correctos.

¡EXPLORA MÁS!
haz clic

VOLVER AL COMIENZO
página inicial

¿Cuántos gigantes gaseosos hay?	¿Cuántos planetas rocosos hay?	¿Cuántos planetas tienen anillos?	¿Cuántos planetas están inclinados?	¿Cuántos planetas orbitan alrededor del Sol?
2 3 4	2 4 8	4 6 8	1 2 3	4 6 8

Comprueba lo que aprendiste.

¡Haz una familia de planetas!

Haz un *collage* de planetas y estrellas con papel y pinturas. ❓

PANTALLA ANTERIOR
atrás

VOLVER AL COMIENZO
página inicial

Neptuno

Urano

¡Añade un cohete si quieres!

Necesitas...

Tarjetas

Pinturas
Un pincel grande

Un lápiz   Pegamento

Tijeras
Un cepillo de dientes viejo

Vasos, platos y tapas de tamaños diferentes

Saturno

Luna
Mercurio Venus   Tierra   Marte   Júpiter

Sol

Haz clic en los números...

1   2   3   4   5

Juega divertidos juegos con videos y sonidos.

Visita el sitio
www.scholastic.com/ discovermore/readers
Escribe este código:
L1SPKNPXN941

3

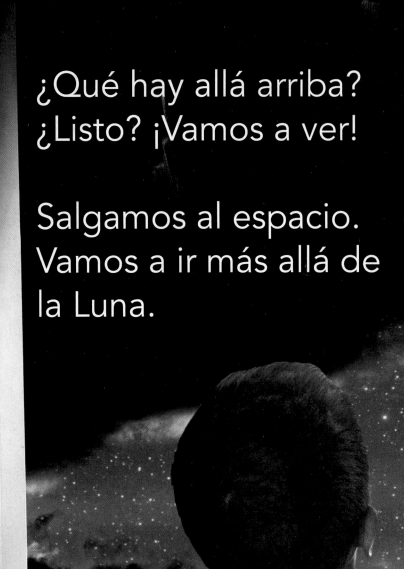

¿Qué hay allá arriba?
¿Listo? ¡Vamos a ver!

Salgamos al espacio.
Vamos a ir más allá de
la Luna.

Vamos a visitar las estrellas brillantes y sus planetas.

¡Despegue!

5

La mayoría de las estrellas tiene una familia de planetas que orbitan, o dan vueltas, a su alrededor.

Algunas estrellas tienen un solo planeta. Otras tienen muchos.

Estrella

PALABRA NUEVA

orbitar
Un planeta puede
tardar mucho tiempo
en **orbitar** alrededor
de una estrella.

DILA EN VOZ ALTA

Nuestro Sol es una estrella. La Tierra orbita alrededor del Sol. La Tierra es un planeta rocoso.

¡Un millón de Tierras cabrían dentro del Sol!

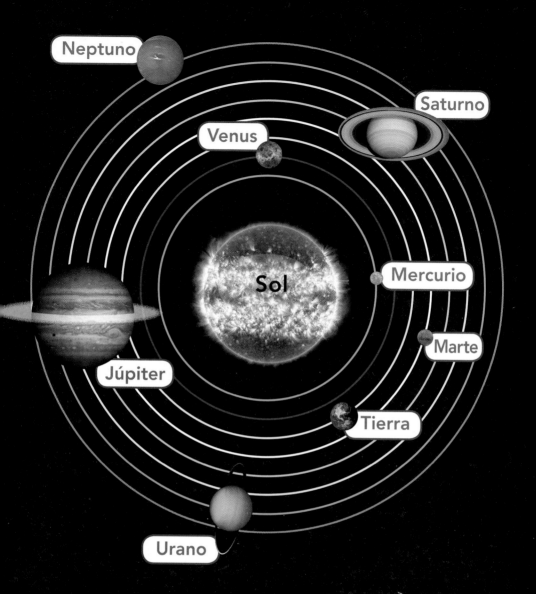

Alrededor del Sol orbitan planetas rocosos y gaseosos. Todos forman parte de la familia de planetas del Sol.

¡Estos planetas son los gigantes gaseosos! Están muy, muy lejos del Sol.

Son nubes de gases que giran sin parar. No hay donde aterrizar. No hay un lugar sobre el que te puedas parar.

Los gigantes gaseosos son más grandes que los planetas rocosos.

Urano

Saturno

Neptuno

Júpiter

Los gigantes gaseosos tienen anillos que giran a su alrededor.

11

Neptuno

¡Ponte un casco espacial!
Neptuno es un planeta gaseoso
donde hace mucho viento.

Los gases que
hay en Neptuno
hacen que
parezca azul.

Vientos helados soplan entre las nubes.

¡Soplan a más de 1.200 millas por hora!

Urano, un gigante gaseoso, es el único planeta que gira de lado.

WILLIAM Y CAROLINE HERSCHEL

William y Caroline Herschel

Estos hermanos trabajaron juntos hace más de 200 años. Descubrieron nuevos objetos en el cielo, entre ellos Urano.

Urano

Saturno

Saturno es famoso
por sus anillos.

Los anillos de Saturno están formados por pedazos de hielo y roca.

14

En Júpiter, un gigante gaseoso, todo es muy GRANDE.

Es el planeta más grande del sistema solar. Allí ocurren tormentas enormes. ¡Hay una que ya ha durado 300 años!

Gran Mancha Roja

La Gran Mancha Roja es una tormenta gigante.

Júpiter

Los asteroides son rocas. La mayoría está en el cinturón de asteroides, un área entre Júpiter y Marte. El planeta enano Ceres también está allí.

Ceres es un planeta enano rocoso.

Ceres

Un planeta enano es un planeta muy pequeño.

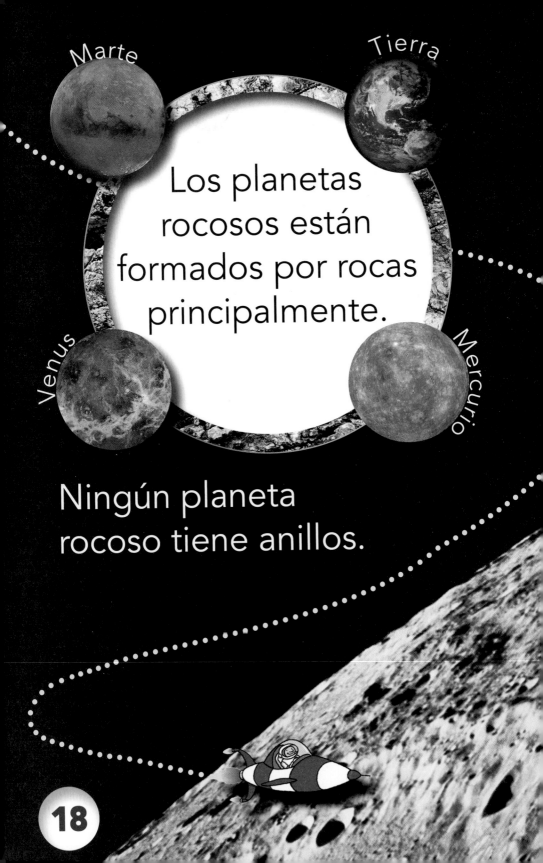

Marte

Tierra

Venus

Mercurio

Los planetas rocosos están formados por rocas principalmente.

Ningún planeta rocoso tiene anillos.

Marte y la Tierra
tienen lunas. La Tierra
tiene una y Marte
tiene dos.

La luna de
la Tierra

Marte, el llamado planeta
rojo, está cubierto de
polvo rojo. Parece estar
en llamas, pero en realidad
es muy frío.

Marte

Se han enviado robots para explorar Marte.

Tierra

A la Tierra la llaman el planeta de Ricitos de Oro porque tiene las características ideales para la vida.

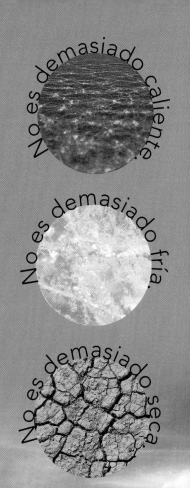

No es demasiado caliente.

No es demasiado fría.

No es demasiado seca.

No es demasiado húmeda.

21

¡Cuidado!

Sol

Venus atrapa el calor del Sol. ¡El planeta es muy, pero muy caliente!

Venus

El aire de Venus es muy denso.

22

Por el día, ¡Mercurio es más caliente que un horno!

Mercurio

Mercurio es caliente de día y frío de noche.

Pero en la noche se congela.

Conoce a varios miembros de la familia de planetas del Sol.

Haumea Makemake Eris

Los planetas enanos helados orbitan alrededor del Sol en una zona fría más allá de Neptuno.

Cada año se descubren nuevos planetas enanos helados. ¡Podría haber cientos por descubrir!

Plutón

Plutón es el planeta enano helado más famoso.

Nuestro Sol es una estrella de millones que existen. Otras estrellas tienen familias de planetas. A esos planetas los llamamos exoplanetas.

¡Se han hallado más de 1.000 exoplanetas!

Kepler se envió para buscar exoplanetas

Tierra

El telescopio

telescopio Kepler

27

¡Bienvenido
de regreso a
la Tierra!

Hogar,
dulce hogar.

¿Qué más hay allá arriba?
Cada día hallamos cosas
nuevas y fascinantes.

En los próximos años descubriremos mucho más sobre la familia de planetas del Sol... ¡y otros planetas más lejanos!

Glosario

asteroide
Roca inmensa que viaja alrededor del Sol.

cinturón de asteroides
Área del espacio entre Júpiter y Marte donde se halla la mayoría de los asteroides.

estrella
Bola de gases calientes y brillantes.

exoplaneta
Planeta que viaja alrededor de una estrella que no es el Sol.

gigante gaseoso
Planeta inmenso formado por gas principalmente.

luna
Objeto que viaja alrededor de un planeta.

orbitar
Viajar alrededor de un planeta o una estrella.

planeta
Objeto grande y redondo que viaja alrededor de una estrella.

planeta enano
Objeto que viaja alrededor del Sol y que es más pequeño que un planeta.

planeta rocoso
Planeta formado principalmente por rocas.

Sol
La estrella alrededor de la cual viajan la Tierra y otros planetas.

Índice

Originally published in English as *Planets*
Copyright © 2014 by Scholastic Inc.
Translation copyright © 2015 by Scholastic Inc.

ISBN 978-0-545-76977-8

12 11 10 9 8 7 6 5 4 3   15 16 17 18 19/0

Printed in the U.S.A.   40
First Spanish edition, January 2015

Scholastic hace esfuerzos constantes por reducir el impacto ecológico de nuestros procesos de manufactura. Para ver nuestras normas para la obtención de papel, visite www.scholastic.com/paperpolicy.

Un agradecimiento especial al Dr. Mordecai-Mark Mac Low, curador del Departamento de Astrofísica del Museo Americano de Historia Natural, por la generosidad con que dedicó su tiempo y sus conocimientos para colaborar en este proyecto.

Créditos
Alamy Images/Mary Evans Picture Library: 13 l; Dreamstime: cover silhouettes (Alder), 21 bl inset (Alphaspirit), 15 br (Andre Adams), 23 r, 24 bg ice, 25 bg ice (B1e2n3i4), 21 bl (Christoph Weihs), 7 b (Dedaiva), 16 asteroid texture, 17 asteroid texture, 18 t bg (Eugenesergeev), 4 tg (Haywiremedia), 21 bg (Iakov Kalinin), 11 inset bg, 24 bg stars, 24 inset bg, 25 bg stars (Igor Sukalski), 21 rcb (Jamen Percy), 6 t, 7 t (Luka137), 6 bg, 7 bg (Mopic), 4 bg, 5 bg (Mpz@sapo.pt), 21 rt, 22 c, 23 l (Nick Anthony), 27 br (Pratik Panda), 21 rb (Roman Sakhno), 2 bg, 3 b bg (Snizhanna), 19 inset (Taichesco); Ellis Nadler Partnership: cartoon illustrations throughout; Fotolia/clearviewstock: 8 bg; iStockphoto: 9 Earth, 18 Earth, 21 tl (janrysavy), 3 arrow (pagadesign), 2 computer (skodonnell); Media Bakery/Granger Wootz: 5 fg; NASA: 26 inset, 27 bl (Ames/JPL-Caltech), 30, 31 (ESO/L. Calçada/Nick Risinger (skysurvey.org)), 9 Mercury, 18 Mercury, 23 c (Johns Hopkins University Applied Physics Laboratory/Carnegie Institution of Washington), cover fg, 3 t bg, 9 Venus, 18 Venus, 22 b (JPL), 16 main; 17 main (JPL-Caltech), 9 Jupiter, 11 inset br, 15 bg (JPL/University of Arizona), 28 main, 29 (Reto Stöckli, Nazmi El Saleous, and Marit Jentoft-Nilsen, NASA GSFC), 8 fg, 9 sun, 22 t (SDO/AIA/S. Wiessinger), back cover, cover bg, 24 insets, 27 t, 32; Science Source: 14 b, 17 tr (Chris Butler), 10, 11 bg (Detlev van Ravenswaay), 11 inset tr, 24 fg, 25 fg (Friedrich Saurer), 1 (Julian Baum), 26 main (Lynette Cook), 20 b (Millard H. Sharp), 9 Neptune, 11 inset bl, 12 t (Walter Myers), 9 Saturn, 9 Uranus, 9 Mars, 11 inset tl, 13 r, 14 t, 18 bg, 18 Mars, 19 bg, 20 bg, 20 t.